Inhalt

Beleuchtungstechnologie - Organische Leuchtdioden erlauben ganz neue Anwendungsszenarien und sparen auch noch Strom

Kernthesen

Beitrag

Fallbeispiele

Weiterführende Literatur

Impressum

Beleuchtungstechnologie - Organische Leuchtdioden erlauben ganz neue Anwendungsszenarien und sparen auch noch Strom

M. Westphal

Kernthesen

- Neue Leuchtenkonzepte wie die organischen LEDs (OLEDs) liegen im Trend zum Stromsparen.
- Diese OLEDs können aber nicht nur als sehr

effiziente und flächige Leuchtmittel genutzt werden, sondern ermöglichen auch ultraflache und sogar aufrollbare Displays.
- Noch werden OLEDs nur in sehr kleinen Stückzahlen produziert, aber spätestens 2010 dürften sie für viele Anwendungen in Serie gefertigt werden.

Beitrag

Deutsche Wissenschaftler liefern sich bei der Umsetzung der neuen Leuchtfolien, die als Organic Light Emitting Diodes (OLED) bekannt sind, mit japanischen Wissenschaftlern ein Kopf-an-Kopf-Rennen. Aktuell hat Deutschland die Nase vorn.

Deutschland nimmt im Bereich der OLED-Entwicklung eine Führungsrolle ein

Eine wesentliche Rolle für die derzeitige Führungsrolle Deutschlands bei der OLED-Entwicklung spielt der Vorstoß des Fraunhofer-Instituts Photonische Mikrosysteme (IPMS), durch eine Verschmutzung, im Fachjargon auch Dotierung genannt, die Lichtausbeute noch zu verdoppeln.

Hierbei kann das gegründete Startup Novaled, welches inzwischen bereits 100 Mitarbeiter zählt, eine Vorreiter-Rolle einnehmen. Novaled entwickelt Kunststoffe, die OLEDs warm und weiß strahlen lassen. Die Rezepte für diese Kunststoffe werden vom Schweizer Spezialchemikalienhersteller Ciba umgesetzt. (1)
Das IPMS in Dresden besitzt einen Reinraum, der die Basis einer weltweit einmaligen Produktionsanlage für leuchtende Scheiben ist. In wenigen Wochen wird diese Revolution für Lichtquellen jeder Art in Dresden in nennenswerten Stückzahlen fertigen. Diese OLEDs können die Nachfolge der Glühbirnen antreten, deren Ende die Europäische Union beschlossen hat. Glühbirnen mit 100 Watt und mehr werden schon im Herbst dieses Jahres nicht mehr erhältlich sein, die schwächeren Exemplare folgen bald. (1)
Die in Dresden gefertigten Leuchtfolien zeichnen sich durch Langlebigkeit und einen geringen Stromverbrauch aus. Sie strahlen ein sanfteres und auch flächigeres Licht aus als alle anderen Leuchtmittel wie Glühbirnen, Leuchtstoffröhren oder Halogenstrahler. Damit sind mit Leuchtfolien völlig neue Lichtkonzepte denkbar, wie die Möglichkeiten, sie als Tapetenersatz an die Wand zu kleben, oder sie wie Bilder aufzuhängen. Aber OLEDs müssen nicht nur als Leuchtmittel in Erscheinung treten, sondern sie können auch alle auf LEDs basierenden Nutzungsmöglichkeiten ersetzen, wie LED-Lampen,

aber auch LED-Bildschirme. (1)
Die EU fördert die OLED-Technologie. Mit dieser Unterstützung kann auch das IPMS, welches bereits 25 Millionen Förderung erhalten hat, in Dresden weiter Produktionsverfahren entwickeln, die effizientere Herstellungstechniken für OLEDs ermöglichen sollen. Liegt derzeit die Ausschussquote bei Sony und seinen OLED-Monitoren noch bei 90 Prozent, kann sich diese in naher Zukunft hoffentlich deutlich verringern. (1)

Für OLEDs gibt es vielfältige Anwendungsmöglichkeiten

Bisher kamen OLEDs ausschließlich in Mini-Bildschirmen in Handys oder MP3-Spielern zum Einsatz wie auch im Armaturenbrett von Kraftfahrzeugen. (1), (2)
Denkbare Einsatzszenarien für OLEDs sind leuchtende Fußleisten oder Regalbretter, wie auch farbvariable, extrem dünne Taschenlampen im Scheckkartenformat. Ultraflache Monitore und TV-Bildschirme sind ebenso möglich. Außerdem sind aufgrund des flächigen Aufbaus auch leuchtende Fenster denkbar. Ein weiterer Vorteil ist, dass ebenso einfach und energieeffizient farbiges Licht erzeugt werden kann, welches bei herkömmlichen

Glühlampen nur durch Filterung geschehen kann, was zu einer deutlichen Energieeinbuße führt. OLED-Technologie kann zudem auf Plastik aufgedampft werden. Eine Technik, die zur Fertigung von aufrollbaren Displays genutzt werden kann. Diese Displays gibt es bisher nur in Laborumgebung gefertigt. Denn Wasser wie auch Sauerstoff können beim derzeitigen Entwicklungsstand noch durch das Plastik dringen, was zu einer Zerstörung der Kathode führt. (2), (3, (8)

Ein großer Vorteil von OLEDs ist die Option extrem flache Displays herstellen zu können. So hat Samsung Ende Oktober 2008 auf der japanischen Fachmesse FPD einen Demonstrator vorgestellt, der mit 0,05 mm Dicke dünner als ein 80g-Papier ist. Zwar hatte das Display nur eine Diagonale von vier Zoll (10,16 cm) und leistete nur eine Auflösung von 480 x 272 Pixel (also nur einem Viertel der heute üblichen Kleindisplays), aber damit ist Samsung in den Wettlauf eingestiegen, diese neue Displaytechnologie marktreif zu machen. Ende September stellte nämlich Sony eine 0,3 mm dicke 2,5 Zoll große OLED-Anzeige vor, die zwar nur 160 x 120 Pixel leistete aber darüber hinaus auch flexibel war. Das Samsung-Display leistet laut Herstellerangaben bereits einen Kontrastumfang von 100 000:1 und eine Leuchtdichte von 200 cd/cm3. Außerdem können alle Farben aus dem NTSC-Farbraum dargestellt werden. (6)

Heute sind hintergrundbeleuchtete LED-Displays der letzte Schrei bei Laptops. Ab 2010 werden laut Samsung aber OLED-Displays für Laptops möglich. Die organischen Moleküle können farbiges Licht emittieren und benötigen daher keine Hintergrundbeleuchtung. (4)
Wird die OLED-Technologie für Displays in Pässen verwandt, können diese Displays auch mehrere Ansichten der Person speichern. (3)

OLEDs gehen mit Energie sehr sparsam um

Bisherige Lichtquellen wie Glühbirnen, Leuchtstoffröhren oder auch Leuchtdioden wandeln die Energie aus elektrischem Strom vor allem in Wärme um und strahlen das Licht zum Teil in unangenehmen Farben ab. (3)
Die OLED-Dioden haben viele Vorteile gegenüber anderen Lichtquellen. Zum einen können sie ein relativ warmes Licht wie das von Glühlampen bieten. Darüber hinaus haben sie aber eine sehr lange Lebensdauer und gehen mit der Energie sehr sparsam um. Die aktuellen OLEDs leisten von der Lichtausbeute zwar noch nicht die von Energiesparlampen geleisteten 60 Lumen pro Watt. Eine neue Anode soll allerdings eine Leuchtkraft von

100 Lumen pro Watt ermöglichen. Damit wären die dann produzierten OLEDs etwa doppelt so effektiv wie die heutigen. Auch die Lebensdauer könnte dann auf etwa 100 000 Stunden erhöht werden.
Herkömmliche Glühlampen hingegen kommen auf gerade 10 Lumen pro Watt.
Das flächige Licht, das mit OLEDs erzeugt werden kann, ist bisher nur mittels Diffusoren bei herkömmlichen Leuchtquellen erreichbar. Dabei gehen aber bis zu 60 Prozent des Lichts verloren. Diese Energieverschwendung wird es bei OLEDs nicht geben.
Theoretisch erzielen OLEDs einen Wirkungsgrad von 100 Prozent. (1), (2)

Der Fertigungsprozess von OLEDs ist noch nicht für die Serienfertigung geeignet

Philips und Osram arbeiten auch an der Entwicklung von OLEDs. Das Organisch im Namen dieser Leuchten bedeutet, dass keine Halbleiter aus anorganischen Kristallen, sondern Halleiter aus Kohlenwasserstoffen verwendet werden. Diese Leiter werden auf dünne transparente Glasplatten gedampft, auf denen sich eine Anode aus

Indiumzinnoxid befindet. Die Platten sind auf ihrer Rückseite mit einer Kathode aus Metall beschichtet. Wird Strom durch die Halbleiter geschickt, beginnen sie zu leuchten und dabei ist nahezu jede Farbe möglich. Die OLEDs haben organische Moleküle, die wie Farbpartikel auf die Trägerschicht (z. B. Glas) aufgebracht werden können. Die organische, halbleitende Filmschicht ist nur wenige Nanometer dünn. Die organischen Moleküle werden dabei aus einer Flüssigkeit abgeschieden oder im Vakuum aufgedampft. OLEDs können - heute noch eher theoretisch - eine Größe von einigen Quadratmetern haben, was vollkommen neue Anwendungsszenarien erlaubt. Sofern eine Flüssigkeit zum Auftragen verwendet wird, ist die Lichtausbeute zwar geringer, allerdings ist die Herstellung deutlich billiger. Für Beleuchtungen von Autoarmaturen könnte diese Technik z. B. Anwendung finden. (2), (3), (8)

Unzureichende Fertigungsqualität kann bei digitalen Displays zu Flimmereffekten führen

Ein wesentliches Merkmal digital angesteuerter Displays ist die flimmerfreie Darstellung. Allerdings zeigen gerade kleinere LCD und OLED-Displays ein solches unerwünschtes Flimmern. Ursache hierfür sind meist Unzulänglichkeiten bei der Herstellung. Dabei entstehen diese Flimmereffekte auch bei neueren Geräten häufig durch eine schlecht dimensionierte Pixelelektronik, die für eine zeilenweise unterschiedliche Bildhelligkeit sorgt. Und auch in organischen Displays, die eigentlich gerade durch ihre hohe Reaktionszeit wie auch Flimmerfreiheit glänzen, zeigen sich durch schlechte Modulation des fließenden Stroms solche Effekte. Schwarz wird durch stromlosen Zustand, weiß durch maximalen Strom und grau durch einen mittleren Strom erzeugt. Eine zu hohe Grundfrequenz kann dann sehr schnell zu einem Flimmern führen. (9)

Die OLED-Technologie kann auch zur Stromerzeugung genutzt werden

Das spannende an den OLEDs ist, dass der Prozess auch umkehrbar ist, aus dem mittels eines elektrischen Impulses Licht gemacht wird. So können organische Solarzellen hergestellt werden, die flexibel und transparent sind und für mobile elektrische Geräte einsetzbar sind. Außerdem können sie deutlich besser in Häuserfassaden integriert werden als herkömmliche dunkle und starre Solarmodule. (3)

Fallbeispiele

Samsung und die Bundesdruckerei zeigten Ende des Jahres 2008 auf der Messe SID Display Week in Los Angeles einen Reisepass, der mit einem dünnen und biegsamen AMOLED-Display ausgestattet ist. Das Aktiv-Matrix-Display hat hinter jedem Bildpunkt eine aktive elektronische Schaltung. Trotz des integrierten Displays ist die Displayseite des Passes nur 700 Mikrometer dick. Ein solches Display erhöht die Fälschungssicherheit enorm. Das für diesen Zweck von Samsung entwickelte farbige Display ist nur 300 Mikrometer dünn. Zukünftige Displays werden auch ohne interne Batterie auskommen. (10)

Den OLED-Größenrekord hält derzeit ein OLED-Fernseher von Sony. Der Xel-1 hat ein Display mit einer Diagonale von 30 cm. Er ist nur wenige Millimeter dick, was die Dicke von aktuellen LED-Bildschirmen deutlich unterschreitet. Aber die Technik ist noch neu und so ist der Preis des ab Januar auch in Deutschland erhältlichen Gerätes mit 3 000 Euro noch sehr hoch. (1), (2)

Der Hersteller Cowon hat mit seinem Multimediaplayer S9 bereits zum Weihnachtsgeschäft 2008 einen Player mit einem Active Matrix OLED (AMOLED) Display auf den Markt gebracht. Das Display kann 16 Millionen Farben abbilden und schafft eine Auflösung von 480 x 272 Pixel. Dieses Display, welches die Touchscreen-Technologie beherrscht, benötigt extrem wenig Energie und ist zudem äußerst robust. (7)

Osram und BASF haben in einem vom Bundesministerium für Bildung und Forschung (BMBF) unterstützten Programm eine Leuchtdiode vorgestellt, die den US-Standard Energy Star SSL (Solid State Lighting) in Bezug auf Lichtausbeute und Farbkoordinaten entspricht. Dabei hilft ein neuer von BASF entwickelter blauer Phosphoreszenzemitter, der einen einzigartigen Iridiumkomplex nutzt. Dieser überwindet die Schwachstelle von OLEDs in Bezug auf den Blauanteil. Insgesamt will das BMBF zusammen mit den beiden Unternehmen bis zum Jahre 2012 rund 600 Millionen Euro an Forschungsmitteln investieren. (5), (8)

Das japanische Unternehmen Mitsubishi Heavy Industries hat eine eigene Gesellschaft mit dem Namen Lumiotec gegründet, welches eine eigene Anlage für die Produktion von OLED-Leuchtfolien aufbaut. (1)

Weiterführende Literatur

(1) In neuem Licht
aus WirtschaftsWoche NR. 051 VOM 15.12.2008 SEITE 078

(2) Von wegen elektrifizierte Bakterien!
aus Frankfurter Allgemeine Sonntagszeitung, 14.12.2008, Nr. 50, S. 70

(3) Erleuchtung aus der Mittelschicht // Organische Moleküle gelten als Lichtquelle der Zukunft - aber noch ist die Technik nicht ausgereift
aus Der Tagesspiegel Nr. 20109 VOM 08.12.2008 SEITE 018

(4) Hirstein, A., Neue Displays, Neue Zürcher Zeitung, Nr. 49, 07.12.2008, S. 79
aus Der Tagesspiegel Nr. 20109 VOM 08.12.2008 SEITE 018

(5) Hocheffiziente organische LED strahlen weiß
aus VDI NR. 49 VOM 05.12.2008 SEITE 13

(6) Flatternder Bildschirm
aus VDI NR. 49 VOM 05.12.2008 SEITE 13

(7) Aufgerüstet
aus "Computerwelt" Nr. 25 / 2008 vom 17.12.2008

(8) Leuchtende Zukunft
aus Frankfurter Allgemeine Zeitung, 17.11.2008, Nr. 269, S. B6

(9) Pfusch am Pixel
aus c't - Magazin für Computertechnik, 24/2008, S. 248

(10) Kooperation von Bundesdruckerei und Samsung Reisepass bekommt ultraflaches Display
aus Computer Zeitung, Heft 22, 2008

(11) iSuppli: 1,2 Millionen Stück im Jahr 2012 OLED-TV kommt
aus Markt & Technik, Heft 23/2007, S. 1

Impressum

Beleuchtungstechnologie - Organische Leuchtdioden erlauben ganz neue Anwendungsszenarien und sparen auch noch Strom

Bibliografische Information der deutschen Nationalbibliothek

Die Deutsche Nationalbibliothek verzeichnet diese Publikation in der deutschen Nationalbibliografie; detaillierte bibliografische Daten sind im Internet über http://dnb.d-nb.de abrufbar.

ISBN: 978-3-7379-0349-3

© 2015 GBI-Genios Deutsche Wirtschaftsdatenbank GmbH, Freischützstraße 96, 81927 München, www.genios.de

Alle Rechte vorbehalten. Dieses Werk ist einschließlich aller seiner Teile – z.B. Texte, Tabellen und Grafiken - urheberrechtlich geschützt. Jede Verwertung außerhalb der Grenzen des Urheberrechtsgesetzes bedarf der vorherigen

Zustimmung des Verlags. Dies gilt insbesondere auch für auszugsweise Nachdrucke, fotomechanische Vervielfältigungen (Fotokopie/Mikroskopie), Übersetzungen, Auswertungen durch Datenbanken oder ähnliche Einrichtungen und die Einspeicherung und Verarbeitung in elektronischen Systemen.